📖 주제

- 로봇 · 인공지능 · 공존

📖 활용 학년 및 교과 연계

초등과정	5학년 실과	2. 생활과 기술
		6. 생활과 정보
	5-1 과학	1. 과학자는 어떻게 탐구할까요?
	6학년 실과	4. 생활 속 소프트웨어
		5. 발명과 로봇
	6-2 과학	1. 전기의 이용
		5. 에너지와 생활

내 친구 로봇,

초등 첫 인문철학왕

내 친구 로봇, 팍스

초판 1쇄 발행 2023년 3월 30일

글쓴이 이현서 | **그린이** 이은선 | **해설** 한기호
기획편집 이정희 | **편집** 이상미 박주원
디자인 문지현 김수인 | **생각 실험 디자인** 김윤현

펴낸이 이경민 | **펴낸곳** ㈜동아엠앤비
출판등록 2014년 3월 28일(제25100-2014-000025호)
주소 (03972) 서울특별시 마포구 월드컵북로22길 21, 2층
전화 (편집) 02-392-6901 (마케팅) 02-392-6900 | **팩스** 02-392-6902
홈페이지 www.moongchibooks.com | **전자우편** damnb0401@naver.com | **SNS** 📘 📷 🅱

ISBN 979-11-6363-627-4(74100)

※ 잘못된 책은 구입한 곳에서 바꿔 드립니다.
※ 이 책에 실린 사진은 셔터스톡, 위키피디아, 게티이미지뱅크(코리아)에서 제공받았습니다. 그 밖의 제공처는 별도 표기했습니다.

도서출판 뭉치는 ㈜동아엠앤비의 어린이 출판 브랜드로, 아이들의 지식을 단단하게 만들어 주고, 아이들의 창의력과 사고력을 키워 주어 우리 자녀들이 융합형 사고뭉치와 창의뭉치로 성장할 수 있도록 좋은 책을 만들겠습니다.

'질문'의 힘! '생각'의 힘!
'미래 인재'로 가는 힘!

어린이와 학부모님들께 《초등 첫 인문철학왕》을 추천할 수 있어서 매우 기쁩니다. 어린이들이 이 시리즈를 통해 '나'에 대해, 나와 공동체 사이의 소통에 대해, 세상의 이치와 진리에 대해 마음껏 질문하고 생각하기를 바라기 때문입니다. 그렇게 되면 창의적으로 문제를 해결하는 힘 또한 커질 수 있다고 믿기 때문이지요.

'제4차 산업혁명의 시대'라는 말처럼 우리는 모든 것이 혁신적으로 변화하는 시대에 살고 있습니다. 스마트폰, 인공 지능, 첨단 로봇 등 새로운 기술과 지식이 나오는 속도도 이전과 비교할 수 없을 정도로 빨라졌지요. 세상에 넘쳐나는 지식과 정보는 이제 누구나 쉽게 구할 수 있고, 개인의 두뇌에 담아낼 수 있는 용량을 넘어선 지 오래입니다. 결국 이 시대의 아이들에게 필요한 것은 지식보다는 그 지식을 다루는 지혜와 창의성 아닐까요?

7차 교육과정 개정 이후 학교 교육도 이러한 시대 흐름에 맞추어 미래 사회가 요구하는 인문학적 상상력과 과학기술 창조력을 두루 갖춘 창의융합형 인재를 양성하는 것을 목표로 합니다.

'철학'은 '지혜를 사랑하는'이란 뜻을 가진 말입니다. 이 학문은 여러분처럼 모든 것에 호기심 많았던 철학자들로부터 시작됩니다. 아주 오래전부터 인간, 사회, 자연, 우주, 진리 등 다양한 분야에서 다른 사람들보다 더 깊이, 더 많이, 그리고 아주 끈질기게 했던 수많은 질문과 탐구를 하며 만들어졌습니다.

마치 높은 곳에 올라가면 마을 전체를 내려다볼 수 있는 넓은 시야를 얻게 되듯이, 철학을 한다는 것은 하나의 문제를 더 큰 눈으로 볼 수 있게 되는 것이랍니다. 그러면 어떤 점이 좋을까요? 더 넓게 보는 눈, 더 깊이 있게 보는 눈, 다른 사람들이 생각하지 못한 부분들을 상상하고 찾아낼 수 있는 눈이 생깁니다. 또 우리 앞의 문제들을 자신만의 창의적인 방법으로 해결할 수도 있고, 그 문제를 해결하다가 다른 더 큰 문제를 발견하여 미리 처리할 수도 있습니다.

　《초등 첫 인문철학왕》은 바로 그러한 생각의 눈을 아주 활짝 열어 줄 것입니다. 주제와 관련된 재미있는 동화, 이와 연결된 깊이 있는 인문 해설과 철학 특강, 창의·탐구 활동 등으로 구성된 시리즈는 아이들이 세상에 넘쳐나는 지식을 지혜롭게 다루는 힘을 길러서, 문제해결력을 갖춘 창의적 인재로 성장할 수 있게 해 줄 것입니다.

　그러니 이 책을 읽으며 여러 분야에서 떠오르는 호기심과 질문들을 혼자만 가지고 있지 말고 친구, 가족과도 나누어 보시길 바랍니다. 모두가 질문하고 생각하는 힘이 생긴다면, 어려운 문제들을 함께 해결해 나가는 공동체를 만들 수 있겠지요?

　이 책을 읽는 여러분들 모두, 그런 멋진 공동체를 하나둘 만들어 나가는 지혜로운 미래 인재가 되기를 기대합니다.

이지애 드림
(이화여대 철학과 부교수, 한국 철학교육 학회 회장)

초등 첫 인문철학왕
이렇게 활용하세요!

생각 실험

생각 실험은 어떤 사실을 알기 위해 여러 가지 실험과 사례를 연구하는 것이에요. 철학이나 자연 과학 분야 등에서 널리 사용되는 방법이에요. 권마다 주제에 관련된 실험, 유명한 인물의 사례 등을 읽으며 상상력과 문제 해결력을 키워 보세요.

만화 & 동화

인문 철학 주제별로 아이들의 생활 세계 속 이야기, 패러디 동화 등이 다양하게 펼쳐져요. 처음과 중간은 만화, 본문은 그림 동화로 되어 있어서, 재미난 이야기에 푹 빠질 수 있어요.

인문철학왕되기

오랫동안 어린이들과 함께 철학 수업을 연구하고 진행해 온 한국 철학교육연구원 소속 교수와 연구진들이 집필했어요.

소쌤의 철학 특강, 인문 특강, 창의 특강으로 구성되었어요. 주제와 이야기 안에 숨겨진 철학적 문제들에 대해 함께 답을 찾아갈 수 있도록 깊이 있는 토론과 특강, 그리고 재미있는 활동으로 구성되었어요.

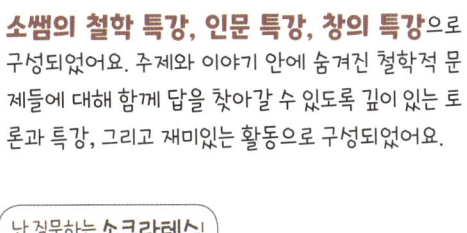

난 질문하는 **소크라테스**! 문제를 해결할 수 있도록 도와주지!

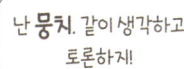

난 **뭉치**. 같이 생각하고 토론하지!

난 늘 창의적인 **새롬**이!

난 생각이 깊은 **지혜**!

교과 연계

각 권마다 최신 개정 교과서 단원과 연계되어 교과 학습에 도움이 되도록 구성되었어요. 권별로 확인하세요.

이 책의 차례

추천사 ··· 4
구성과 활용 ··· 6

생각 실험 인간일까? 로봇일까? ································ 10

만화 감성 로봇 개발 ··· 20

로봇 친구 팍스 ·· 22
- **인문철학왕되기1** 로봇이 뭐지?
- **소쌤의 인문 특강** 로봇의 등장과 발전

로봇은 적일까? ·· 44
- **인문철학왕되기2** 미래에는 어떤 로봇이 나올까?
- **소쌤의 인문 특강** 끝없는 로봇의 진화

| 만화 | 외계인이 있다면 ·· | 62 |

외계인의 지구 침공 ·· 68
- 인문철학왕되기3   로봇이 일자리를 빼앗을까?
- 소쌤의 창의 특강   로봇으로 인해 바뀌는 직업

미래의 로봇 팍스에게 ·· 90
- 인문철학왕되기4   만일 나라면?
- 창의활동   로봇에게 어떤 능력을 주고 싶나요?

인간일까? 로봇일까?

휴 허는 열일곱 살 어린 나이에 뛰어난 암벽 등반가로 인정받았어요. 그러나 미국 헌팅턴 계곡에서 얼음으로 뒤덮인 암벽을 오르다가, 눈보라 속에 갇히고 말았어요. 휴 허는 3일 만에 구조되었지만, 너무 심한 동상에 걸려 두 다리와 오른쪽 손가락을 절단할 수밖에 없었죠. **모두 휴 허가 다시는 암벽 등반을 할 수 없을 거라고 생각**했어요.

휴 허는 몇 달 동안 수술과 재활 치료를 받았어요. 그는 자신이 직접 의족을 디자인하고 설계하여 몸에 부착했어요. **성능이 뛰어난 의족 덕분에 휴 허는 다시 암벽 등반을 할 수 있었어요.** 사고를 당하기 전보다 더 높은 수준에 올랐다고 해요.

와, 대단하다! 인간이야, 로봇이야?

다른 사례를 들어 볼까요? 미래의 로봇 이야기예요.
인간과 거의 똑같이 생긴 비트는
인공 지능이 갖추어진 로봇이에요.
인간보다 더 섬세하고 빠르게 일할 뿐만 아니라,
재미있는 말도 잘해서 동료들과도 사이좋게 지내요.

비트는 자기 몸(기계)에 문제가 생기면
스스로 방법을 찾아내서 고칠 수 있어요.
이 밖에도 **필요한 모든 것은**
스스로 생각하고 해결할 수 있어요.
비트는 과연 로봇이라고 할 수 있을까요?

팀은 비트와 같은 직장을 다니는 인간 동료예요.
어느 날, 팀은 퇴근하는 길에 교통사고를 당했어요.
워낙 큰 사고라서 **팔, 다리와 내장 일부를 인공 팔다리와 인공 장기로 교체**하며 겨우 살아남았어요.
몇 년 뒤, 뇌에도 병이 퍼져서 반도체로 만들어진 인공 뇌로 바꾸게 되었죠.

다행히 사고 전 팀의 **뇌에 담겨 있던 모든 생각과 감정은
인공 뇌로 옮길 수 있었답니다.**

나는 인간일까?
로봇일까?

어느 날, 회사는 팀에게 더 이상 월급을 주지 않기로 했어요.
팀이 **인공 지능 로봇인 비트와 다를 게 없는
기계라고 판단**했기 때문이에요.
팀이 인공 지능 기계를 장착한 사이보그라지만
인간이었을 때의 감정은 그대로 남아 있어요.

원래 인간이었고 감정을 느끼는데, 당연히 인간이죠! 월급도 받아야 하고요.

팀은 인간일까요? 로봇일까요?
팀은 이전처럼 월급을 받을 수 있을까요?

여러분은 어떻게 생각하나요?

팀의 몸을 구성하는 모든 게 기계로 바뀌었으니 로봇이지 않을까요?

로봇 친구 팍스

은별이는 학교 버스를 타는 대신 공원 길을 따라 집에 가는 걸 좋아했어요. 공원 나무 위에서는 매미가 매암매암 울었어요. 매미 소리를 들으면 은별이는 마음이 편안했어요. 엄마와 공원에서 그네 타며 놀던 생각이 나서 눈물이 날 때도 있었고요.

아빠가 예전보다 더 많은 공원이 생겼다고 했어요. 기계 스스로 움직이는 자율 주행차 덕분이라고 했어요. 사람들이 차를 사지 않고 대부분 빌려 쓰기 때문에 차가 많이 줄어들었어요.

은별이는 파란 대문 집 1층에 살아요. 2층으로 된 집인데 엄마가 돌아가시고 나서 이사왔어요. 2층은 옥상인데, 옥상 한 귀퉁이에는 작은 옥탑방이 있었어요. 옥탑방에는 취업 준비를 하며 아르

바이트를 하는 언니가 혼자 살고 있어요. 언니는 평일에는 보기 힘들고, 가끔 주말에 계단에서 마주쳐요.

집 앞에 처음 보는 회색 박스가 놓여 있었어요. 딱히 주소가 없는 걸 보니 택배는 아니었어요. 대신 네모난 봉투가 붙어 있었어요. 봉투를 여니 메모가 있었어요.
'2층 언니 물건일까?'

> 박스를 열지 말고 집으로 가져가서
> 풀어 보세요.
> '미래에서 온 선물'이 들어 있어요.

은별이는 잠깐 멈칫했어요. 받는 이 주소는 없었어요.

'미래에서 온 선물'이라는 메모에 은별이는 오랜만에 가슴이 콩콩 뛰었어요. 은별이는 상자를 가슴에 안고 대문 앞에 섰어요. 평상시와 다름없이 대문과 현관문이 차례대로 은별이의 얼굴을 인식하여 스르르 열렸어요. 은별이는 박스를 낑낑거리며 간신히 집 안으로 옮겼어요. 다행히 은별이 혼자 들 수 있는 무게였어요.

아무도 없는 집안은 찬바람이 부는 듯 쌩 했어요. 엄마가 갑작스럽게 교통사고로 떠난 후부터 쭉 그래 왔어요. 아빠는 늘 은별이가 먹을 저녁을 챙겨 놓고 밤 늦게야 돌아왔어요.

은별이는 어깨에 맨 가방을 급하게 벗어 거실 바닥에 내팽개친 후, 회색 박스를 풀기 시작했어요. 대체 '미래에서 온 선물'은 무엇일까 궁금해서 참을 수가 없었지요.

박스 안에는 분리된 로봇이 들어 있었어요. 머리, 몸통, 다리 세 부분이 분리되어 있었어요. 은별이 아빠는 자동차를 수리하는 기사예요. 엄마는 사람들의 머리를 손질하는 헤어 디자이너였어요. 사람들은 일 로봇에게 머리 맡기는 걸 싫어하기 때문에 엄마 직업은 인기가 많았어요. 엄마와 아빠를 닮아서인지 은별이는 또래 친구들보다 손이 야무졌어요. 어릴 때부터 어려운 장난감 조립도 뚝

딱 해치웠죠. 그래서인지 로봇을 완성시키는 일은 그리 어렵지 않았어요. 완성하고 보니 로봇은 완벽한 사람 모습이었어요. 박스 안에 들어 있는 옷을 입히니 은별이보다 키가 조금 큰 아이 같았어요.

옷 주머니에 손을 넣어 보니 종이가 들어 있었어요. 종이에는 메모가 써 있었어요. 박스에 쓰여 있던 글씨체와 같았어요.

1. 로봇의 이름을 지어 주세요.
2. 예전 기억은 남아 있지 않아요.
3. 좋은 친구가 되어 주세요.
4. 집에서만 지내야 해요.

*사람들 눈에 띄면 위험해요.

로봇은 눈을 감고 있었어요. 은별이는 심장이 벌렁거렸어요. 숨을 한 번 깊게 들이마시고 다시 천천히 내쉬었어요. 세 번 반복하니 마음이 조금 안정이 되었어요. 아빠가 알려준 비법이에요.

이 로봇은 가슴에 스위치는 없었어요. 보통 일 로봇 스위치는 가슴 부분에 있고, 감성 로봇 스위치는 머리 뒤에 있거든요.

은별이는 조심스럽게 로봇 머리를 살폈어요. 뒷머리를 살짝 들춰 올리자 작은 스위치가 보였어요.

"때르릉."

그때 알람 소리가 요란하게 울렸어요. 은별이가 학원 가는 걸 늘 깜박해서 아빠가 생각해 낸 방법이에요. 알람 소리가 들리면 하던 일을 멈추고 첼로 학원에 가야 해요. 수학이나 영어처럼 로봇이 잘할 수 있는 공부는 배우지 않아요.

은별이는 스위치를 꾹 눌렀어요. 빨간 불이 켜졌지만 로봇은 여전히 눈을 뜨지 않았어요.

'오늘도 학원 빼먹으면 벌칙으로 일주일 동안 게임 정지야.'

아빠 말이 귀에 맴돌았어요. 은별이는 급하게 학원 가방을 챙겨 밖으로 나갔어요.

은별이는 학원에서 첼로를 배우는 동안 선생님 말이 하나도 귀에 들어오지 않았어요.

학원이 끝나자마자 헉헉거리며 집으로 뛰어갔어요. 뒤죽박죽 어지럽던 집이 말끔히 정리되어 있었어요. 게다가 구수한 된장찌개 냄새가 났어요. 식탁으로 가 보니 금방 차린 맛깔스런 음식들이 놓여 있었어요.

'분명 아빠는 오늘도 늦는다고 했는데……'

은별이는 이상한 일이라고 생각하며 고개를 갸우뚱했어요.

'설마……'

거실에 누워 있던 로봇이 보이지 않았어요. 빈 박스만 덩그마니 놓여 있었지요.

달그락 달그락.

소리가 나는 쪽은 뒤 발코니였어요. 놀랍게도 로봇이 빨래를 널고 있었어요.

로봇은 은별이를 보고 눈을 몇 번 어색하게 껌벅였어요.

"안녕! 너는 누구니?"

로봇이 할 말을 잃은 은별이에게 먼저 인사를 했어요.

"와, 굉장해. 너 감성 로봇이구나? 내가 감성 로봇을 갖게 될 줄은 꿈에도 생각하지 못했어."

은별이는 그 말을 하며 볼을 꼬집어 봤어요.

"아얏!"

"갖게 되었다는 표현은 별로야. 같이 살게 되었다는 말이 맞지 않을까?"

로봇이 하는 말에 은별이는 깔깔깔 웃었어요.

"그런데 내 이름이 뭐지? 기억이 없어. 넌 내가 누군지 아니?"

은별이는 그제야 로봇의 주머니에 있던 메모 생각이 났어요.

> 1. 로봇의 이름을 지어 주세요.
> 2. 예전의 기억은 남아 있지 않아요.

은별이는 로마 신화에 나오는 평화의 여신, 팍스가 떠올랐어요.

"네 이름은 팍스야. 팍스는 평화를 상징해. 난 조은별. 만나서 반가워."

직접 이름까지 지으니 로봇의 주인이 된 것처럼 뿌듯했어요.

"하하, 내 이름이 팍스구나. 반가워, 조은별. 왠지 우리 좋은 친구가 될 것 같아."

'친구?'

은별이의 머릿속에 물음표가 생겼어요. 알을 깨고 나온 동물이 처음 보는 동물을 어미라고 생각하듯, 로봇은 처음 스위치를 켠 사람을 주인으로 여겨야 한다고 생각했어요.

"주인 님, 안녕하세요. 만나서 반갑습니다."

은별이는 그런 인사를 기대했어요. 게다가 이전의 기억이 없다면 더더욱 자신이 주인이 아닐까? 하는 생각을 했지요.

"처음부터 확실히 해 두고 싶은 게 있어. 우리 친구는 아니지 않아? 내가 너의 주인이 아닐까?"

"하하하하하! 네가 본 영화에 그렇게 나오니? 너와 나는 친구 관계라고 내 시스템에 저장되어 있어."

은별이는 입술이 삐죽 나왔어요. 스스로 가방을 챙겨 학원을 가고, 저녁도 직접 차려 혼자 먹지만 로봇 친구를 그리워한 적은 없어요.

사람, 동물, 로봇은 모두 평등해야 한다는 아빠 말이 떠올랐어요. 하지만 사람이 로봇의 주인이라는 생각은 쉽게 떨쳐 버리기 힘들었어요.

'꼬르륵'

그때 은별이 배에서 배고픔을 알리는 알람이 울렸어요.

"하하, 위가 텅텅 비면 그런 소리가 난다고 알고 있어. 너 배가 많이 고픈가 보구나. 여섯 시는 사람들이 저녁을 먹는 시간이라서 냉장고에 있는 재료로 간단히 밥을 준비했어. 밥부터 먹으렴."

은별이는 팍스의 말이 떨어지기 무섭게 식탁으로 갔어요. 말할 틈 없이 정신없이 먹었어요. 팍스가 만들어 준 된장찌개는 엄마의 음식을 떠올리게 했어요.

"네 입맛에 맞는가 보구나? 다행이야."

은별이는 팍스가 자신을 물끄러미 보고 있다는 걸 깨달았어요.

배가 불러서인지 뾰족했던 마음도 누그러졌어요.

"너는 배고프지 않아? 아 참, 넌 로봇이지."

"네가 학원에 가 있는 동안 데이터에 접속하여 직접 충전했어."

"너 혹시 게임할 수 있어?"

은별이가 은근히 기대하며 물었어요.

"처음부터 잘할 수는 없지만 네가 하는 걸 보면서 규칙을 익히면 가능해."

"정말? 나 게임 정말 좋아하거든. 난 특히 축구 게임을 좋아해."

"여자아이들보다 남자아이들이 좋아하는 게임을 좋아하네."

"크크, 맞아. 남자아이들만 좋아한다는 데이터는 지워 주길 바라. 여자라도 축구 게임을 좋아할 수 있거든."

"……."

팍스는 말없이 뭔가를 생각하는 표정을 지었어요. 아마 기억 장치에 저장하고 있나 봐요.

그때 초인종이 울렸어요.

"조은별, 나 왔어. 나랑 게임 안 할래?"

은별이는 조금 당황스러웠어요. 쪽지 내용이 생각났기 때문이에요.

> 3. 좋은 친구가 되어 주세요.
> 4. 집에서만 지내야 해요.
> *사람들 눈에 띄면 위험해요.

"안경서, 너 갑자기 웬일이야? 나 오늘은 놀기 힘든데……."

"나 더운데 참고 걸어왔어. 설마 다시 집에 돌아가라는 말은 아니지?"

은별이는 어쩔 수 없이 현관문을 열어 줬어요.

"은별아, 누구야? 그새 남자 친구라도 사귄 거야?"

경서는 팍스를 보고 깜짝 놀라 물었어요.

은별이는 그 말에 싱긋 웃었어요. 경서가 알아보지 못할 정도로 팍스는 사람과 비슷하다는 말이기도 하니까요.

"새 친구 이름이 '안경써'라고 했니? 은별이랑 나는 오늘부터 사귄 사이야."

"푸하하하. 조은별 얘 뭐야? 설마 로봇이니? 너희 아빠 로또라

도 당첨된 거야?"

"……."

경서는 어눌한 팍스 말을 듣고 로봇이라는 걸 금방 눈치 챘어요.

"로봇이라도 팍스에게 예의를 지켜 주면 좋겠어. 그리고 남자 아니야. 성별은 없어."

"그새 이름까지 짓고. 또 로봇에게 예의를 지키라니 무슨 뜻이야? 넌 로봇 주인이잖아. 난 그 주인의 친구고. 그러니까 로봇은 내 말도 잘 들어야지."

은별이는 자신이 팍스에게 했던 말을 경서에게 듣자 아차 싶었어요.

"팍스는 우리처럼 감정이 있는 감성 로봇이야. 예의를 지켜주면 좋겠어. 팍스는 내

친구이기도 해. 우리가 친구이듯 말이야."

남매끼리 싸우다가 옆집 아이가 시비 걸면 한편이 되어 싸우는 것처럼 은별이는 팍스를 지켜 주고 싶었어요.

팍스가 은별이에게 귓속말을 했어요.

"오, 은별아 고마워. 난 네가 로봇 주인이라고 계속 우길 줄 알았어."

"그 이야긴 아직 안 끝났어. 칫, 아직 널 백 프로 친구로 생각하지 않아!"

은별이는 새초롬하게 대꾸했어요.

"흥! 조은별, 너 갑자기 왜 그래? 로봇을 만든 게 사람인데 어떻게 로봇이랑 사람이 친구야? 조은별, 난 우리가 좋은 친구인 줄 알았는데 실망이야. 로봇 편만 들잖아. 나 집에 갈래."

경서는 잔뜩 인상을 쓰며 집으로 가 버렸어요.

로봇이 뭐지?

우리는 어릴 때부터 변신 로봇 장난감을 갖고 놀며,
로봇이 나오는 애니메이션이나 영화를 보고 자라요.
로봇은 그만큼 아이들에게 인기가 많지요.
로봇은 기계지만 그냥 기계하고는 달라요.
로봇은 무엇일까요?

 오늘 숙제 많다! 숙제 대신 해 주는 로봇 없나?

 내가 어른이 되면 만들어 줄게.

 그걸 기다리느니 숙제를 하는 게 빠를걸.

 당장 그런 로봇은 없으니 어쩔 수 없지.

 얘들아, 로봇이 뭔지 아니?

 사람이 하면 힘든 일을 척척 해 주는 기계잖아요.

 우리 주위에 로봇이 점점 많이 보여요. 인공 지능이란 말도 들리고, 식당에 음식 가져다주는 로봇, 길 안내해 주는 로봇은 자주 봤어요.

소쌤의 TIP

로봇이란 말은 체코 극작가인 카렐 차페크(1890~1938)가 『로숨의 유니버설 로봇(R.U.R)』이란 희곡을 발표하면서 사용하게 되었단다. 로봇은 로보타(robota)에서 시작된 말인데, 강제적인 노동, 노예 상태, 지루하고 반복적인 일을 뜻하지. 로봇은 사람 대신 일하는 기계 장치를 말해.

소쌤의 인문 특강

로봇의 등장과 발전

인간이 상상한 최초의 로봇은 그리스 신화에 나와.

탈로스는 청동 거인이야. 대장장이 신이며 불의 신인 헤파이스토스가 만들어 크레타의 왕 미노스에게 선물 했지. 탈로스는 미노스 왕의 명령을 받아 크레타섬을 순찰하며 침입자를 물리쳤다고 해.

돌을 던지는 탈로스

인간이 상상한 로봇이 현실에 나타난 건, 약 700여 년 전 자동 기계 장치가 발명되면서부터라고 할 수 있어. 1300~1400년대에 유럽의 이탈리아와 독일에서 24시간마다 자동으로 움직이는 기계 시계가 발명되었고, 점차 전 세계로 퍼져 나갔지.

프랑스 스트라스부르 대성당에 설치된 천문 시계

발명왕 에디슨도 말하는 인형을 만들었어.

1870년대 후반에 에디슨은 태엽을 돌리면 노래하는 로봇 형태의 인형을 처음으로 발명했어. 인기가 좋아서 공장에서 대량으로 만들기도 했지.

초기 산업 로봇

그럼 본격적인 로봇의 등장은 언제부터일까?

사람들이 만든 자동 기계 장치는 계속 발전해 오다가 1960년대에 공장에서 사람 일을 대신하는 산업용 로봇이 나오면서 '로봇의 시대'가 열렸어. 산업용 로봇은 사람의 팔처럼 무거운 짐을 다른 쪽으로 옮기는 단순한 기능에서 시작해서 이제는 의사 대신 환자를 수술하는 로봇까지 엄청난 발전을 해 오고 있단다.

# 로봇은 적일까?

 은별이는 로봇 팍스와 함께 축구 게임도 하고, 로봇이 만들어 준 간식을 먹으며 영화도 함께 보았어요. 오랜만에 심심하지 않았어요. 늘 아빠를 기다리다 먼저 잠이 들곤 했거든요.
 그때였어요. 띠리리리 현관문 비밀번호 누르는 소리가 났어요.
 "앗, 아빠를 깜짝 놀라게 하고 싶어. 팍스, 얼른 내 방에 숨어!"
 아빠가 신발을 벗으며 늘 하는 질문을 했어요.
 "은별아, 오늘 별일 없었지? 웬 구수한 된장찌개 냄새가 나지?"
 아빠는 부엌 쪽으로 가며 킁킁거렸어요.
 "진짜 된장찌개가 있네. 은별아, 이 음식들 누가 만들어 놓고 간 거야?"

"낮에 우렁 각시가 왔었어요. 일단 드셔 보세요."

아빠는 팍스가 만들어 놓은 음식을 맛있게 드셨어요.

"아빠, 우리 새로운 가족이 생겼어요. 저를 돌봐 주고 친구도 되어 주는 가족이에요."

"엥? 갑자기 가족이라니 무슨 말이냐?"

그때, 팍스가 은별이 방에서 나왔어요.

"안녕하세요, 아빠."

아빠는 조금 당황하는 눈치였어요.

"은별아, 이 애는 누구니?"

"누가 우리 집 앞에 두고 갔어요."

은별이는 팍스가 들어 있던 상자와 쪽지를 내밀었어요.

"이름을 팍스라고 지었어요."

"아니 대체 누가 이런 로봇을 우리 집 앞에 놓았을까. 무척 지능이 높은 로봇인데……."

아빠 얼굴에 근심이 가득했어요.

"은별아, 사실 오늘 아빠 자동차 공장 마지막 출근이었어. 로봇이 아빠 일을 대신하게 되면서 아빠가 더 이상 필요없게 됐어. 아빠가 하는 일은 단순한 일이었으니까."

"네?"

은별이는 심장이 쿵하고 내려앉는 기분이었어요. 로봇 때문에 아빠가 일을 쉬게 되었다니요. 마른 하늘에 날벼락이 떨어진 기분이었어요.

아빠는 길게 한숨을 내쉬었어요. 쌀과 음식을 사는 비용은 나라에서 나오지만 그 밖의 돈은 각자 벌어야 했어요. 그나마 식비를 나라에서 지원해 주는 것은 로봇들이 벌어들이는 돈을 세금으로 걷어 복지비로 쓰기 때문이었어요.

팍스가 아빠에게 다가가 손을 잡으며 말했어요.

"아빠, 우리 머리를 맞대고 돈을 벌 수 있는 일을 찾아봐요."

아빠는 팍스가 잡은 손을 슬그머니 뺐어요. 아직은 로봇 팍스의 친절이 부담스러운 눈치였어요.

"아빠가 늘 동물이나 로봇도 사람처럼 존중받아야 한다고 하셨잖아요."

은별이는 아빠가 언젠가 했던 말처럼 생각도 진짜 그런지 궁금했어요.

"그, 그랬지. 하지만 같이 사는 건 처음이라 좀 적응이 되지 않는구나. 게다가 이런 감성 로봇은 우리가 쉽게 얻을 수 있는 로봇도 아니고 말이야. 내가 알기로는 불법인데……."

'불법'

은별이는 감성 로봇과 같이 사는 게 불법이란 건 생각도 못 했어요. 메모에 사람들 눈에 띄면 안 된다고 적혀 있는 이유를 알 것 같았어요.

"아, 어쩌죠. 경서가 이미 팍스를 봤어요. 자기를 로봇보다 못하게 대한다고 화가 많이 났어요."

"일 로봇도 갖지 못하는 우리 집에 감성 로봇을 놓고 간 이는 누굴까?"

"뭔가 음모가 있을까요?"

은별이가 약간 떨리는 목소리로 말했어요.

"삐리리리……."

팍스는 데이터를 검색하느라 한동안 말이 없었어요.

"2051년 현재 요리사, 변호사, 마트 캐

셔, 가사 도우미, 공장에서 물건 만드는 일처럼 특정한 한 가지 일을 반복하는 걸 일 로봇이 대신 하고 있어요. 감성 로봇 개발은 현재 불법이에요. 감성 로봇이 많아지면 사람이 할 수 있는 일을 더 많이 빼앗아서 사회가 혼란스럽기 때문입니다. 하지만 속성 그룹에서 감성 로봇 개발을 멈추지 않고 몰래몰래 하고 있다는 기사가 있어요. 아, 그럼 나는 누구지. 난 어떻게 하지?"

팍스는 혼란스러운지 안절부절못했어요.

"내가 경서를 만나서 꼭 비밀을 지켜 달라고 부탁할게."

은별이가 말했어요.

그때 초인종이 울렸어요.

"옥탑방 지민이 언니예요. 웬일이지, 이 시간에."

일단 팍스는 눈에 띄지 않게 숨었어요.

문을 열자 지민 언니가 피자가 든 접시를 내밀었어요.

"은별아, 지난번에 네가 팬케이크 준 거 정말 맛있게 먹었어. 오늘부터 나 실업자거든. 그래서 피자 만드는 김에 네 것도 만들었어. 알바 잘린 김에 취업 준비나 열심히 하려고."

지민 언니는 편의점에서 아르바이트를 하며 공무원 준비를 하고 있었어요. 편의점 사장이 알바생인 언니를 자르고 로봇을 들여왔다고 해요.

"살 때는 비싸지만 내 1년 알바비를 계산하면 더 싸게 먹힌다나! 아, 이러다 진짜 로봇이 지배하는 세상이 한순간에 오겠어."

지민 언니는 걱정스런 얼굴로 돌아갔어요.

팍스의 표정은 어두웠어요.

"로봇은 사람을 힘들게 하려고 만들어진 게 아니야."

팍스는 그 말을 하고, 부엌으로 가서 그릇 세척기 버튼을 눌렀어요. 칙 소리가 나더니 물과 거품이 나와 그릇을 씻었어요.

"감성 로봇인데 집안일도 일 로봇 못지않게 잘하네. 이제 맘 편히 바깥 일을 할 수 있겠어. 새로운 일 구하는 게 문제네."

팍스의 태도와 행동이 아빠 마음을 움직인 듯 보였어요.

팍스가 조금 전에 하던 말을 이어서 했어요.

"로봇이 사람의 일자리를 빼앗아 간다고 적으로 여기면 안 돼요. 로봇이야말로 열심히 일하고도 대가가 없어요. 벌어들인 돈은 사람들이 다 쓰죠."

팍스의 말에 은별이와 아빠는 아무 말도 하지 못했어요. 로봇이 벌어들이는 돈 덕분에 나라에서 식비를 받고 있으니까요.

그날 밤, 팍스는 은별이가 잠을 자러 가자 작동을 멈추고 충전을 했어요. 그리고는 은별이보다 한 시간 빨리 일어날 수 있도록 알람을 맞춰 놓았어요. 아빠는 오랜만에 집안일을 하지 않고 평온한 밤을 보냈어요. 그리고 시간이 없어 읽지 못했던 책을 꺼내 읽었어요. 팍스 덕에 생긴 여유였어요.

다음 날 아침, 아빠는 은별이가 일어나는 시간에 맞춰 아침을 차리지 않아도 되었어요. 은별이는 아빠가 오랜만에 늦잠을 잘 수 있게 조심조심 움직였어요.

은별이는 토스트를 우물우물 씹으며 말했어요.

"팍스, 오늘 아빠랑 잘 지낼 수 있지? 아빠는 당분간 휴식이 필요하셔."

"오늘 아빠랑 새 직장에 대한 이런 저런 데이터를 찾아보기로 했어. 걱정하지 마."

은별이는 그만두자마자 쉴 틈 없이 새로운 직장을 찾는 아빠가 조금 안쓰러웠어요.

학교 교문 앞을 막 지나는데 익숙한 목소리가 들렸어요.

"야, 조은별! 네 남친은 어디 두고 혼자냐?"

뒤를 돌아보니 안경서가 심통난 표정으로 서 있었어요.

은별이는 안경서를 사람이 다니지 않는 한적한 곳으로 데리고 갔어요.

"너 왜 그래? 팍스는 남자가 아니라니까."

"은별이 너 나한테 뭔가 숨기고 있지?"

안경서는 서운한 티를 팍팍 냈어요.

"아, 이거 비밀인데, 경서 너니까 말하는 거다."

은별이는 경서를 달래기 위해 거짓말을 하기로 했어요. 은별이는 경서 귀에 대고 작은 소리로 속삭였어요.

"팍스는 지구를 지키기 위해 온 거야. 그러니까 비밀로 해야 해. 외계인들에게 들키면 지구가 위험하거든. 외계인들이 조만간 쳐들어 올 수도 있어."

외계인이 침입하는 브이알(VR) 게임을 즐기는 경서는 은별이 말을 쉽게 믿었어요.

"와, 엄청 멋지다."

"너는 지구의 일급비밀을 알고 있는 중요한 사람이 된 거야."

은별이는 주변을 두리번거리며 더욱 작은 소리로 소곤소곤 말했어요. 지구인보다 훨씬 문명이 발전한 외계인이라서 사람들이 하는 얘기를 데이터로 전송해 들을 수 있다고요.

은별이는 경서에게 팍스에 대해 다른 사람한테 털어놓으면 지구가 위험해지고, 더 이상 로봇을 만나게 해 줄 수 없다고 딱 잘라 말했어요.

경서는 눈을 동그랗게 뜨며 고개를 끄덕였어요. 은별이는 한결 가벼워진 마음으로 교실로 향했어요.

반 아이들은 새로운 담임 선생님에 대한 이야기를 한참 하고 있었어요.

"어쩌면 우리 반에 시범적으로 AI 담임 선생님이 올지도 모른대. 속성 그룹에서 이번에 개발한 인공 지능 로봇인데 초등학생을 가르치기에 안성맞춤인 로봇인가 봐."

교장 선생님의 손자인 대인이가 어른들이 하는 이야기를 몰래 엿듣고 알게 되었다고 했어요.

"와, 진짜 무섭다. 그럼 학교도 공장처럼 변하는 거야? 로봇 선생님은 인정머리가 없어서 조금 잘못해도 안 봐줄 것 같아."

"대신 차별은 하지 않겠지. 누구를 더 이뻐한다거나 누구를 더

혼내는 일은 없을 거야. 데이터에 있는 규칙을 따를 테니 아마 사람 선생님보다 공평하겠지."

"로봇에게 우리가 정을 느낄 수 있을까? 작년에 정든 선생님이랑 헤어지기 싫어 우는 아이들도 많았잖아."

"아, 내 장래희망은 선생님이 되는 거였는데……, 로봇한테 일자리 다 빼앗기면 어쩌지?"

아이들은 저마다 걱정거리를 쏟아 냈어요.

"갑자기 로봇 선생님을 데려오면 대체 어쩌라는 거지? 어른들은 툭하면 우리와 관련된 일인데도 묻지도 않고 맘대로 정해 버린다니까."

서빛나는 화살을 어른들한테 돌렸어요.

반 아이들은 '로봇 선생님이 오는 게 좋다.', '절대로 오면 안 된다.', 두 편으로 나뉘어 말다툼을 벌였어요.

은별이는 창밖을 보며 멍때리고 있었어요. 집에 있는 팍스와 아빠가 잘 있는지 걱정이 되었어요.

"조은별, 넌 왜 아무 말 안 해? 평소 너답지 않다?"

서빛나가 팔짱을 끼고 못마땅한 얼굴로 말했어요.

"난 로봇 선생님을 직접 만나 보고 생각하려고. 하지만 로봇 선생님을 미리 만나는 것도 괜찮을 것 같아. 미래를 조금 더 빨리 만나는 일이니까."

은별이는 팍스를 만나던 날, '미래에서 온 선물'이라고 써 있던 메모를 떠올렸어요.

"웬 헛소리야!"

서빛나는 어깨를 으쓱하며 가 버렸어요.

인문철학 왕 되기 2

미래에는 어떤 로봇이 나올까?

2016년 인공 지능 알파고가 이세돌 9단을 이기면서 세계가 인공 지능에 주목했어요. 지금 어떤 로봇이 우리를 놀라게 할까요?

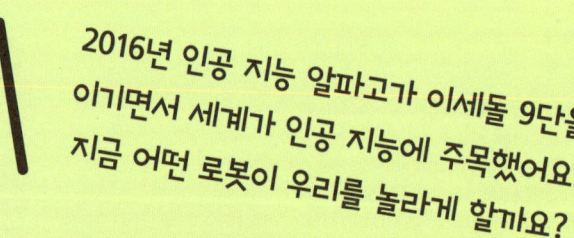

이제 인간과 똑같은 로봇이 우리와 함께 살아가겠지!

로봇과 사람이 같은 일을 하게 될까?

다른 일을 할걸요.

재난 구조도 로봇이 하고 병원에서 하는 어려운 수술도 로봇이 할 것 같아요.

건설 현장의 힘든 일도 로봇이 하겠지.

힘도 세고, 머리도 좋은 로봇은 이제 인간보다 더 엄청난 능력을 발휘할 지도 몰라.

그럼 사람은 무슨 일을 하지?

소쌤의 인문 특강

끝없는 로봇의 진화

과학 기술이 발전하면서 형태와 기능이 매우 뛰어나고 다양한 로봇들이 계속 나오고 있지. 한번 살펴볼까?

레오나르도 다빈치는 1495년경에 이미 인간의 모습(당시 기사)을 하고 팔과 머리, 턱을 움직일 수 있는 기계 인간 형태와 구조를 스케치했어. 5백여 년 전에 이미 현재의 휴머노이드 로봇을 상상하고 만들려 했던 거지. 다빈치가 계획했던 인간 형태의 초기 로봇은 1920~1930년대에 발명되었어.

영국의 제1차 세계대전 참전 용사인 윌리엄 리차드와 기술자 알란 리펠이 손과 머리를 움직이며, 음성으로 통제할 수 있는 로봇 '에릭'과 그의 형제 '조지'를 만들었어서 전시했단다. 현재 다양한 로봇이 제조, 포장, 운송 이외에도 바다 및 우주 탐사, 환자 수술, 무기 제조 등의 다양한 영역에서 쓰이고 있단다.

레오나르도 다빈치 설계에 근거해서 만든 로봇 모델

리처드와 조지 로봇

이후 개발된 로봇들을 알아보자.
스팟은 다리가 4개로 강아지처럼 걸어 다니는 로봇이야.

첨단 기술을 바탕으로 유연한 움직임이 가능하고 균형을 유지하는 능력이 뛰어나서 활용성이 높아. 인간이 접근하기 힘든 위험 지역에서 인간 대신 임무를 수행해.

스팟

2004년에 개발된 한국의 대표적인 휴머노이드, 휴보(HUBO)도 있어.

휴보는 한국에서 최초로 스스로 두 발로 걸을 수 있는 로봇이었어. 키 120cm, 무게 55kg으로, 1분에 65걸음을 걸을 수 있어. 외부의 소리와 사물을 스스로 알아차려서 장애물을 피해 걸어 다니고, 다섯 손가락을 독립적으로 움직일 수 있어서 가위바위보를 할 수 있었어. 가벼운 춤까지 출 수 있었단다.

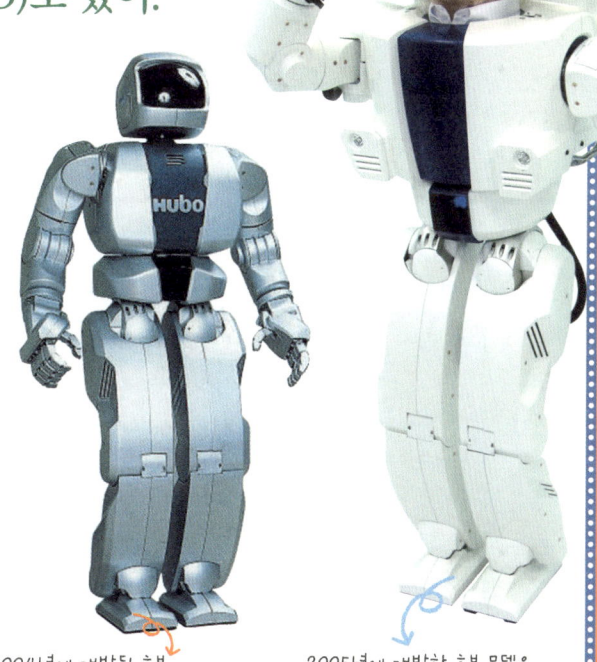

2004년에 개발된 휴보

2005년에 개발한 휴보 모델은 알베르트 아인슈타인의 이름을 따와, 알베르트 휴보 또는 알버트 휴보라고 한단다.

외계인의 지구 침공

 은별이는 급하게 집으로 뛰어갔어요. 현관문을 열자 팍스가 반갑게 맞아 주었어요. 아빠는 오랜만에 친구를 만나러 나가셨다고 했어요. 팍스는 간식으로 비빔국수를 만들어 놓았어요.
 은별이는 비빔국수를 게 눈 감추듯 먹어 치웠어요.
 "와, 진짜 맛있어. 이건 엄마가 해 주던 것보다 더 맛있네."
 "은별이 너 정말 재미있어. 보통 '그리운 엄마가 해 주는 음식이 최고'라고 데이터에 저장되어 있는데 말이야. 은별이 넌 데이터로 예측할 수 없는 말을 해서 좋아. 크크."
 팍스가 입을 가리며 웃었어요.
 "넌 로봇이라 침이 튀지 않으니 입을 가리고 웃을 필요가 없어.

하하하."

은별이는 팍스 덕분에 외롭지 않았어요.

2051년 9월 9일 9시 십 분 전, 아빠가 돌아오셨어요. 기분이 아주 좋아 보였어요.

"아빠가 어쩌면 로봇 개발하는 팀에 들어가서 일할 수도 있을 것 같아."

"와, 정말요? 아빠가 원래 하고 싶어 한 일이잖아요. 잘됐네요."

은별이는 진짜 기뻤어요. 아빠 친구가 일하는 회사라고 했어요.

"처음에는 고장 난 로봇을 수리하는 일을 할 테지만 첫술에 배부를 수 없지."

아빠가 그 말을 하며 웃고 있는데, 갑자기 전기가 훅 나갔어요. 아빠의 환한 얼굴은 온데간데없고 까만 어둠만 있었어요. 전기로 움직이는 기계들이 모두 멈췄어요.

다행히 팍스 머리에 달린 빛으로 주변을 겨우 알아보았어요.

"무슨 일이지? 우리 집만 그런 게 아니네. 마을 전체에 전기가 나간 건 태어나 처음이야."

창밖을 살피던 아빠가 말했어요.

팍스는 재빨리 뉴스를 검색했어요.

　팍스가 소식을 전했어요. 2051년 9월 9일 저녁 9시, 우주 행성에 사는 외계인들이 작은 우주선을 타고 지구에 착륙했어요. 외계인은 사람과 비슷한 외모를 하고 있어요. 그들은 제일 먼저 전기를 끊어 놓았어요. 전기가 에너지를 공급한다는 걸 알고 있는 거죠. 다행히 초가 몇 개 있어서 집 구석구석에 켜 놓았어요.
　그때 누군가 현관문을 쾅쾅 두드렸어요.

"누구지?"

현관문에 자동으로 부착되어 있는 안면 인식 시스템도 먹통이었어요. 문을 여니 경서가 서 있었어요.

"은별아, 네가 했던 말이 다 사실이었어. 전기가 나가서 정말 깜짝 놀랐어. 진짜 외계인이 지구를 침공한 거지?"

아빠와 팍스는 은별이를 놀란 눈으로 보았어요. 어떻게 알았냐고 묻는 표정이었어요. 은별이도 깜짝 놀라기는 마찬가지였어요.

경서에게 했던 말이 진짜로 일어났으니까요.

"삐삐삐삐……."

팍스에게 뭔가가 계속 들어왔어요.

"속성 그룹에서 지금 우리 집 옥상으로 헬기를 보낸다고 하네요. 우주선이 있는 장소에 내려 준대요. 일단 우주선 안으로 들어가서 외계인들이 지구에 온 목적을 알아내야 할 것 같아요."

'속성 그룹이 어떻게 팍스의 정체를 알고 있지?'

은별이는 궁금했지만 묻지 못했어요.

팍스는 빨리 서둘러야 한다고 했어요.

정말 옥상에는 헬기가 대기하고 있었어요. 조종사 없이 인공 지능으로 움직이는 헬기였어요.

팍스가 먼저 헬기를 타고 은별이와 경서가 뒤이어 탔어요. 아빠가 마지막으로 타려고 하자 팍스가 손으로 막았어요.

"어른은 안 돼요. 외계인은 특히 어른 사람을 싫어한다고 해요. 아빠는 집에서 기다리시는 게 좋겠어요."

아빠는 난감해 했어요.

"걱정하지 않으셔도 돼요. 아빠, 절 믿으세요."

팍스는 그 말을 남기고 문을 닫았어요. 헬기는 자동으로 하늘을

날았어요.

"도착할 곳은 서울의 남산입니다. 모두 안전벨트를 매세요."

헬기가 움직이자 자동으로 안내음이 나왔어요.

헬기에서 내려다본 서울은 여러 곳이 불에 타고 있었어요. 외계인들이 공격을 시작한 거예요. 서울에서 가장 높은 공룡 건물이 파괴되어 주변이 아수라장이 되어 있었어요. 그곳은 은별이가 초등학교에 입학하기 전, 엄마 아빠와 함께 다녀온 곳이라 추억의 장소이기도 했어요.

"나 왠지 눈물 날 것 같아. 사람들이 많이 다쳤겠지?"

경서도 울상을 지었어요.

"빨리 외계인들을 만나 보자. 대체 무슨 꿍꿍이로 지구에 왔는지 물어봐야겠어."

팍스는 우선 건물 파괴하는 것을 멈추게 하는 게 급하다고 했어요. 혹시 모를 비상 상황을 위해 팍스는 헬기에 남아 있다 적당한 순간에 나타나기로 했어요.

"너희 먼저 들어가는 거 괜찮지?"

팍스의 말에 경서는 의외로 씩씩하게 대답했어요.

"걱정 마, 내가 VR 게임으로 외계인을 많이 만나 봐서 잘 할 수

있을 거야."
　남산 위에 떠 있는 우주선은 다행히 문이 활짝 열려 있었어요. 계단을 올라가자 우주선 안에 외계인이 바쁘게 움직였어요.

"띠- 띠-"
은별이와 경서가 우주선 안으로 들어가자 시끄럽게 경보음이 울렸어요. 번쩍번쩍 빛나는 옷을 입은 외계인들이 은별이와 경서 주변을 둘러쌌어요.

외계인은 은별이가 상상한 것처럼 문어 같은 모습은 아니었어요. 얼굴은 가면을 써서 잘 보이지 않았지만 사람 모습과 비슷했어요.

"지구 아이들이 겁 없이 여기까지 찾아 왔군. 움직이면 쏜다."

외계인은 우리 말을 할 줄 알았어요. 은별이는 너무 무서워서 손발이 달달 떨렸어요.

"은별아, 걱정 마. 내가 말을 걸어 볼게."

경서는 대장으로 보이는 외계인을 향해 손을 들었어요. 그는 다른 외계인과 달리 파란 옷이 아닌 빨간 옷을 입고 있었어요.

"구, 궁금한 게 있어 직접 찾아왔어요. 대체 어느 행성에서 왔길래 이렇게 예의 없고 파괴적이죠?"

외계인은 경서 말을 듣고 통역 기계를 돌리는지 약간 뜸을 들였어요.

"지구 아이가 겁도 없이 용감하군. 그나마 아이니까 답해 주겠다. 어른 사람에겐 말할 가치도 없지."

"무슨 이유로 평화롭게 사는 지구인을 괴롭히는 거죠?"

"안경서. 9세 남자 어린이. 지구에서 9년을 살았으면 사람들이 얼마나 잔인한지 알 거야. 사람들은 지구에서 사는 동안 많은 동물들을 죽이고, 지구 환경을 파괴했지. 심지어 호시탐탐 자기들끼리 전쟁을 일삼아 왔다. 평화로운 곳이 아니야. 지구인이 지구를 지키지 않는데, 우리가 지구를 지켜야 할 이유가 있나?"

외계인은 말이 끝나기 무섭게 빈 벽에 빔을 쏘아 영상을 틀었어요. 지구에서 일어난 큰 전쟁이 끝도 없이 영상으로 보였어요. 눈으로 보기 힘들 만큼 끔찍한 모습이었어요.

마지막 화면은 공룡 빌딩이 파괴되는 영상이었어요.

"그, 그만해요!"

은별이가 소리쳤어요.

"조은별. 9세 여자 어린이. 갑자기 왜 소리를 지르는 거지?"

"당장 도시에 폭격하는 걸 멈춰요. 사람들이 다치잖아요."

은별이는 얼굴을 감싸고 울었어요.

'파괴된 건물 안에 아빠가 있다면 어떨까?'

상상하니 견딜 수 없이 슬펐어요. 은별이 눈물에 외계인들은 당황했어요. 외계인 행성에서 눈물을 흘리는 것은 상대방을 무시하는 행동이었어요. 외계인들은 화가 나서, 은별이와 경서를 포위하며 겁을 주었어요.

그때였어요.

"너희들 정체가 뭐냐?"

팍스가 문 앞에 서 있었어요.

"너는 누구지? 왜 데이터 기록에 아무것도 안 뜨지?"

외계인이 당황했는지 안절부절못했어요.

"하하. 나는 팍스라고 하는 인공 지능 로봇이다. 바로 감성 로봇이지. 당신들이 싫어하는 어른 사람들이 만들었어."

"감성 로봇? 아직 지구인들이 '생각과 감정'이 있는 '감성 로봇' 개발은 하지 못한 걸로 아는데, 이상하다."

"너희들이 지구에 대해 다 알고 있다는 착각은 하지 마! 눈물의 의미도 모르면서 말이야."

"팍스라고 했나? 팍스, 너야말로 정신 차려! 사람들이 너 같은 로봇을 진짜 친구로 대해 줄 것 같아? 지구인은 늘 자신의 이익을 위해 살았어. 지구에서 사라진 동물들처럼 너희도 쓸모없어지면 버려질 거야."

"사람과 감성 로봇은 잘 지낼 거야. 지구는 우리 로봇들의 고향이기도 해. 다른 행성 외계인들이 침입하여 파괴할 권리는 없지."

은별이는 팍스 말에 가슴이 찡했어요. 로봇과 사람이 같은 행성 친구라는 걸 깨닫게 되었어요.

"너에 대한 기록이 없는 거 보니 너도 숨어 지내는 처지 같은데?

뭘 믿고 사람을 그리 신뢰하지?"

팍스는 말을 아꼈어요.

"저기요. 이렇게 서서 말싸움만 할 게 아니라 앉아서 이야기 나누는 건 어떨까요? 잠깐 휴전을 하는 거죠."

경서는 팍스 덕분에 다시 여유로운 마음을 되찾았어요.

대장 외계인은 셋을 응접실로 안내했어요. 자신들의 행성에서 어린이들이 즐겨 먹는 음료를 꺼내 주었어요.

"팍스, 내가 이것저것 물어볼 게 있어. 어린이들은 여기서 잠깐 기다리고 있어."

대장 외계인이 팍스에게 제안을 했어요. 팍스는 은별이와 경서를 안심시키고 외계인과 협상을 하러 들어갔어요.

은별이와 경서는 외계인들이 준 음료를 마시며 우주선을 둘러보고, 팍스를 초조하게 기다리고 있었어요.

그런데 팍스가 협상을 마치고 나오는 순간 불이 훅 꺼지더니 검은 소용돌이 속으로 몸이 빨려 들어갔어요. 은별이와 경서는 어지러워서 눈을 꼭 감았어요. 둘이 정신을 차렸을 때는 은별이 집 거실에 와 있었어요.

"어떻게 된 거지? 왜 우리가 여기 있지?"

시계를 보니 아홉 시가 되기 전이었어요. 아빠는 돌아오지 않았고, 불도 나가기 전이었어요.

"팍스, 어떻게 된 거야?"

은별이와 경서가 동시에 물었어요.

다행히 외계인과 협상은 잘 되었다고 했어요. 외계인들은 피부 조직이 없어 고통을 모르기 때문에 자신들이 한 끔찍한 파괴가 어떤 건지 잘 모른다고 했어요. 다행히 감성 로봇인 팍스와는 말이 잘 통했고, 자신들이 건물을 파괴한 것이 사람들에게 큰 고통을 주었다는 걸 알게 되었어요. 다행히 그들은 시간을 거꾸로 돌리는 방법을 알고 있었고, 파괴되기 전의 지구 시간으로 돌려놓았어요.

"휴, 정말 다행이야. 진짜 도시가 파괴되었다면…… 정말 끔찍했을 거야."

은별이가 한숨을 크게 내쉬었어요.

"사람들이 지금이라도 변해야 한다고 했어. 변하지 않으면 우주의 평화를 위해 사람들을 제거하러 다시 온다고 했어."

"제거라고? 마치 사람을 물건처럼 말하네?"

경서도 한마디 했어요. 외계인들은 사람들을 믿지 못한 채 돌아

간 셈이에요.

"띡띡띡 삐리리리리"

그때 현관문 비밀번호를 누르는 소리가 들렸어요. 시계를 보니 9시가 되기 일 분 전이었어요.

"아빠다. 설마 다시 정전이 되지는 않겠지?"

로봇이 일자리를 빼앗을까?

인간이 하지 못하는 일, 하기 힘든 일을 로봇이 척척 해낸다면, 인간은 로봇에게 일자리를 뺏기게 될까요?

우리 아빠는 건설 회사에 다니시는데 로봇이 곧 우리 아빠가 하는 일을 하게 될지도 몰라.

그럼 너희 아빠는 어떻게 해?

당연히 로봇 관리는 인간이 해야죠.

로봇이 사람의 일을 대신한다면, 그 로봇들은 누가 관리하지?

로봇이 대신할 수 있을 것 같은 일과 대신할 수 없을 것 같은 일에는 무엇이 있는지 생각해 보렴.

로봇이 대신할 것 같은 직업
예) 텔레마케터, 판매 사원, 항공기 조종사

로봇이 대신할 것 같지 않은 직업
예) 예술가, 기획자, 상담가

로봇으로 인해 바뀌는 직업

직원을 뽑는 대신 로봇을 들이는 회사가 늘어나면서 사람들은 일자리가 줄어든다고 걱정해요. 로봇이 일자리를 뺏으니 큰일이라고요. 정말 그런 걸까요?

로봇 시대에 많은 일들이 기계화되면서 생산직 노동자들이 사라진다고 해.

외국어와 빅데이터가 장착된 인공 지능 로봇이 있다면 따로 통역하는 사람이 없어도 되겠지? 전화 상담원도 요즘은 사람 대신 기계가 안내를 하니 말이야. 마트에 계산원도 키오스크로 많이 대체되었어. 은행에서 돈을 찾고 다시 넣는 일은 이제 사람이 하지 않아도 돼.

그럼 사람들은 어떤 일을 하냐고?

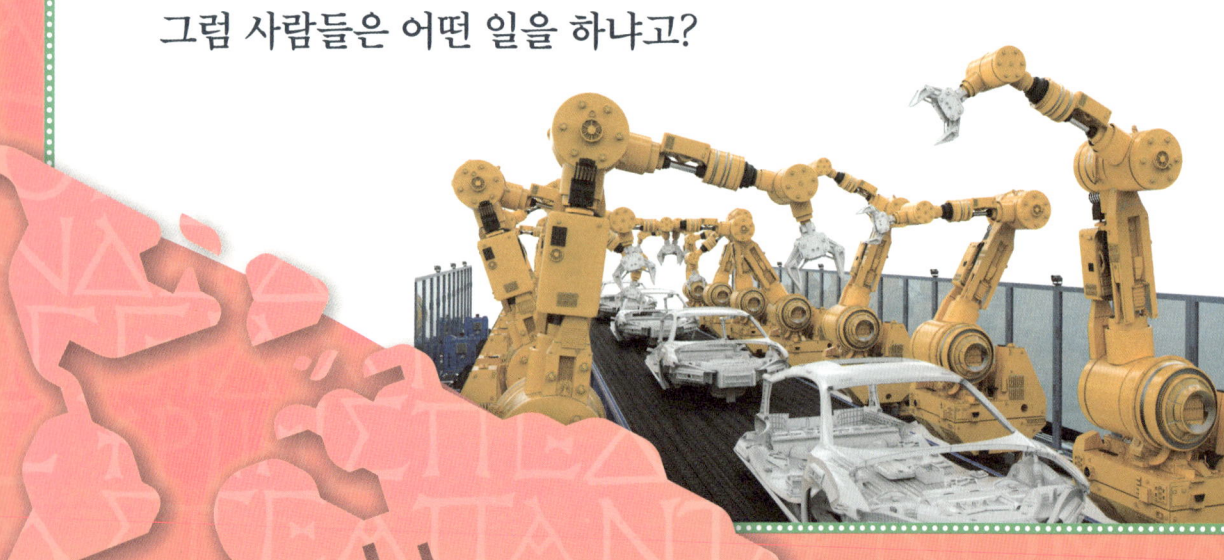

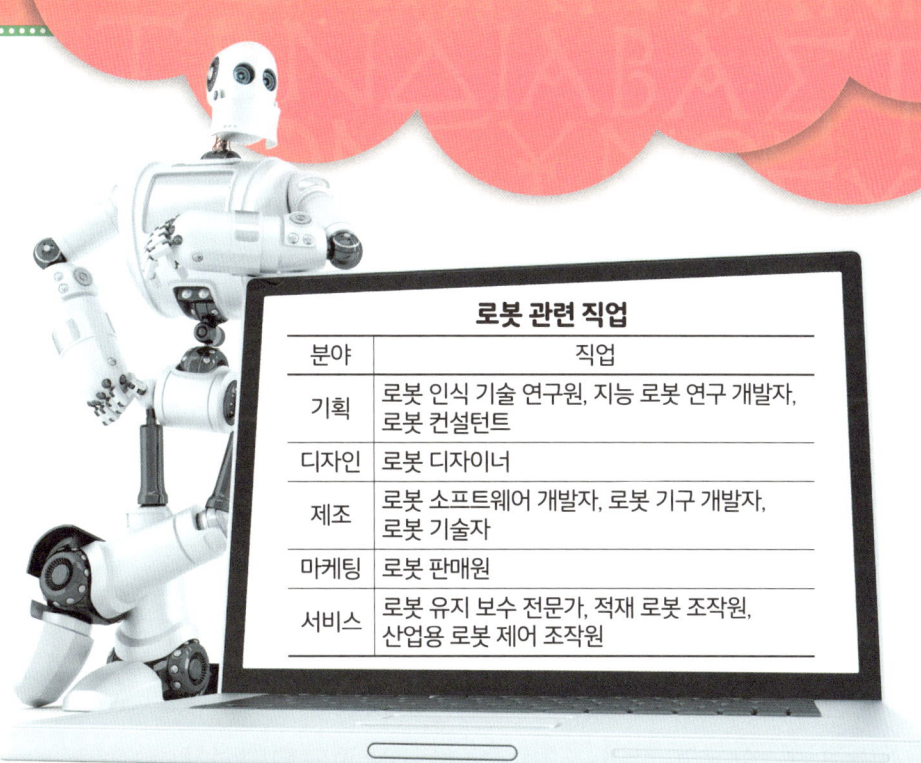

로봇 관련 직업	
분야	직업
기획	로봇 인식 기술 연구원, 지능 로봇 연구 개발자, 로봇 컨설턴트
디자인	로봇 디자이너
제조	로봇 소프트웨어 개발자, 로봇 기구 개발자, 로봇 기술자
마케팅	로봇 판매원
서비스	로봇 유지 보수 전문가, 적재 로봇 조작원, 산업용 로봇 제어 조작원

시대가 바뀌면 사라지는 직업이 있고, 새로 생겨나는 직업이 있어. 로봇 시대에는 로봇과 관련된 새로운 직업들이 생겨나겠지.

로봇과 함께 살아가려면 로봇은 할 수 없는 일을 하면 좋겠지? 창의적이고 예술적인 일은 사라지지 않고 로봇이 대신하기도 어렵단다.

자, 이제 창의성을 키워 볼까?

미래의 로봇 팍스에게

며칠 후, 학교에 가니 은별이네 교실이 떠들썩했어요.

진짜 소문처럼 로봇 선생님이 교실에 있었고, 아이들이 그 주변에 모여들어 질문을 퍼부었어요.

"키가 작은데 몇 살이에요?"

"선생님은 남자예요, 여자예요?"

"로봇이니까 눈물은 안 흘리죠?"

교장 선생님은 아이들의 엉뚱한 질문에 식은 땀을 흘렸고 손수건으로 닦느라 바빴어요.

"얘들아, 너희들이 질서를 지키지 않으면 로봇 선생님은 일을 하지 못한다. 담임 선생님이 갑자기 아프셔서 오늘 하루만 너희들

을 가르칠 거야. 너희들 도움이 많이 필요하단다."

은별이는 정말 깜짝 놀랐어요. 일일 로봇 선생님은 바로 아침에 인사하고 헤어진 팍스였어요.

팍스는 은별이가 등교하기 직전, 갑작스런 교장 선생님의 다급한 전화를 받았어요.

"저, 여긴 행성초등학교인데요. 오늘 하루만 일일 교사를 해 줄 수 있나요? 앞으로 로봇 선생님을 학교에 모셔 와야 할지 말지 결정하는 데도 많은 참고가 될 것 같아요. 부탁입니다."

속성 그룹 회장과 교장 선생님은 초등학교 친구 사이라고 했어요. 행성초등학교에서 국내 최초로 로봇 선생님을 데려 오기로 결정한 것도 바로 그런 이유 때문이었어요. 교장 선생님은 친구 회사의 로봇 개발을 힘껏 도와주고 있었어요.

다행히 수업 종을 알리는 소리가 들리자, 팍스 주변에 있던 아이들은 제자리로 돌아갔어요.

팍스는 교실 맨 앞, 담임 선생님 자리에 앉아서 수업 준비를 했어요. 팍스는 교장 선생님이 미리 준비한 선생님 옷으로 갈아입어서인지 키는 작았지만 제법 어른스럽게 보였어요.

1교시 사회와 2교시 국어 시간은 그럭저럭 잘 지나갔어요. 팍스는 사회 시간에 재미있는 영상을 틀어 줬고, 국어 시간에는 아이들에게 옛이야기 그림책을 다양한 목소리로 흉내 내며 읽어 줘서 반응이 좋았어요.

　3교시 체육 시간이 되자 아이들은 우당탕 운동장으로 뛰어 나갔어요. 체육은 은별이 반 친구들이 가장 좋아하는 시간이었어요.

　"오늘은 두 팀으로 나눠 피구하는 날이에요."

　회장 대인이의 말을 들은 팍스는 피구에 대한 검색을 했어요.

"에이, 뭐야. 선생님이 피구가 뭔지도 모르면 어떡해요?"

빛나의 말에 은별이가 벌처럼 톡 쏘듯 되받아쳤어요.

"아까 교장 선생님 말씀 귀담아 못 들었니? 로봇 선생님 잘 도와주라고 했잖아."

"얘들아, 이러다 체육 시간 금방 끝나. 우리 우선 뒷번호로 팀 짜자. 번호가 홀수로 끝나는 팀 대 짝수 팀으로 나눠서 하는 거 어때?"

경서의 말에 아이들은 재빨리 홀수 팀과 짝수 팀으로 나눠 줄을 섰어요.

"야, 안경서. 가만 있으면 선생님이 팀을 짜 줄 텐데……. 너, 너무 나서는 거 아냐?"

은별이가 입을 삐죽거렸어요. 경서는 다시 개구쟁이 아홉 살로 돌아와 있었어요.

"서, 선생님! 선생님이 심판을 공정하게 봐 주세요. 로봇이니까 정확히 심판할 수 있죠? 상대편 공에 맞는 아이가 나오면 삑하고 호루라기를 불어 주세요."

회장 대인이는 팍스 목에 걸린 호루라기를 가리키며 말했어요. 팍스는 두 팀의 경계선에 서 있었어요.

은별이와 경서는 홀수 팀이었고 빛나와 대인이는 짝수 팀이었어요. 시작하고 얼마 지나지 않아 빛나가 던진 공이 은별이 머리로 세게 달려들었어요. 머리를 맞은 은별이는 기우뚱 넘어졌어요.

"삑!"

팍스는 살짝 인상을 찌푸리며 호루라기를 불었어요.

"서빛나 살살 좀 해. 아프잖아."

은별이가 선 밖으로 나가며 말했어요.

이번에는 홀수 팀의 한 아이가 빛나의 얼굴로 공을 던져 코피가 났어요.

"뭐야? 바로 복수하는 거야?"

짝수 팀 아이들은 빛나의 코피를 보고 화가 나서 발을 쿵쿵 굴렀어요. 두 팀은 점점 더 거칠어졌어요. 결국 아이들은 몸싸움을 벌였어요.

팍스가 당황해서 여러 번 호루라기를 불며 멈추라고 했지만 아이들은 아랑곳하지 않았어요. 은별이는 멀찍이 떨어져서 그런 아이들을 지켜보았어요. 경서와 빛나, 대인이도 몸싸움을 벌이고 있었어요. 은별이는 팍스가 걱정되었어요.

팍스는 아이들을 말려야 한다는 생각에 뚜벅뚜벅 싸우는 곳으로 다가갔어요. 가장 거칠게 싸우는 대인이와 경서의 뒷덜미를 잡아 번쩍 들어 올렸어요. 은별이조차 예상하지 못한 행동이었어요. 팍스의 키는 어른처럼 크지 않았지만 로봇이기 때문에 힘이 셌어요. 대인이와 경서는 팍스의 거친 행동에 놀라 발버둥을 쳤어요.

"로봇 선생님 그만 내려 줘요. 이러다 다치겠어요. 켁."

대인이가 소리쳤어요.

"팍스, 내려 줘. 나 경서야, 경서. 우린 친구잖아."

"난 일일 선생님이에요. 두 사람은 규칙을 어겼어요. 학교는 싸우는 곳이 아닙니다. 여러 번 호루라기를 불며 경고를 했지만 두 사람은 내 말을 듣지 않았어요."

두 편으로 나뉘어 싸우던 아이들이 팍스의 다음 행동을 조마조마한 마음으로 지켜보았어요. 경서와 대인이처럼 자신을 끌고 갈까 봐 겁이 났지요. 빛나는 급하게 교장 선생님을 부르러 갔어요. 한쪽 콧구멍에는 코피를 막기 위해 돌돌 말린 휴지가 꽂혀 있었어요.

팍스는 경서와 대인이를 농구 골대 옆에 퍽 소리가 나게 내려놓았어요.

"아이코, 엉덩이야."

경서가 신음 소리를 냈어요.

"나는 세게 잡아서 목이 아파!"

대인이는 볼멘소리로 말했어요.

그때 교장 선생님이 헐레벌떡 달려왔어요.

"팍스 선생님, 대체 이게 무슨 일입니까? 애들을 짐짝처럼 거칠게 다루면 어떡해요?"

"아이들은 선생인 내 말을 듣지 않았어요. 말리지 않으면 어른들처럼 전쟁을 일으킬 수도 있는 상황이었어요."

아이들이 로봇 선생님의 어눌한 말투에 웃음을 터트렸어요.

"왜 사람들은 툭하면 서로 아프게 싸우면서, 로봇은 조금만 사람을 아프게 해도 나쁜 로봇 취급을 하죠?"

교장 선생님은 팍스의 말에 할 말을 잃고 말았어요.

은별이는 나서지 않고 가만히 지켜보았어요. 팍스랑 친하다는 걸 알려서 좋을 게 없을 것 같았어요.

"2학년 2반 학생들은 교실로 들어가세요. 4교시는 자율 학습이에요. 각자 읽고 싶은 동화책을 꺼내 읽으세요."

교장 선생님은 그 말을 하고 어디론가 급하게 전화를 했어요.

은별이는 교실에서 책을 읽으면서도 집중이 되지 않았어요. 팍스는 어떻게 되었을까 궁금했어요. 은별이는 아이들이 책을 읽는 틈을 타 운동장으로 나가 보았어요. 이동식 침대에 누워 있는 팍스가 보였어요. 예감이 좋지 않았어요. 팍스는 눈을 감은 채 꼼짝

하지 않았어요. 속성 그룹 유니폼을 입은 어른 둘이 차에서 내렸어요. 그 중 한 명은 낯익었어요.

"아빠!"

아빠가 뒤돌아서 은별이를 잠깐 보았지만, 함께 온 사람과 팍스를 들어 차에 실었어요.

은별이가 뛰어갔지만 차는 금세 학교 정문으로 빠져나갔어요.

은별이는 학교 수업이 끝나자마자 집으로 급하게 뛰어갔어요. 경서가 따라왔지만 단칼에 거절했어요.

"너도 다른 애들이랑 똑같아. 따라오지 마."

경서는 시무룩하게 돌아섰어요. 은별이는 헉헉대며 공원까지 뛰어갔어요.

'분명 아빠였어. 아빠는 속성 그룹에 들어간 거였어.'

어느새 공원 나무들은 빨갛게 단풍이 들기 시작했어요. 바람도 선선했어요.

현관문을 열자 집은 휑했어요. 바로 팍스가 오기 전의 공기로 바뀌어 있었어요.

"팍스, 집에 있니?"

은별이는 팍스를 불러 보았어요.

엄마처럼 제대로 된 작별 인사를 하지 못했는데 헤어지는 건 아닌지 은별이는 거실에 주저앉아 울었어요.

은별이는 울다 거실 소파에서 잠이 들었어요. 누군가 자신을 흔들어 깨워 눈을 떠 보니 아빠였어요.

"은별아, 왜 여기서 자고 있어?"

"아빠, 팍스는 어떻게 된 거예요? 아까 낮에 우리 학교에 왔던 거 아빠 맞죠?"

아빠는 말없이 고개를 끄덕였어요.

"취직한 곳이 속성 그룹이었어요?"

"그래. 사실 아빠의 첫 직장이 속성 그룹이었어. 같이 입사했던 친구가 아직 일하고 있어. 사실 내가 감성 로봇 만드는 걸 반대했거든. 그래서 그 회사에서 나와 자동차 만드는 공장에 들어갔던 거야. 팍스를 우리 집 앞에 두고 간 게 내 친구였어."

"아빠는 감성 로봇 만드는 걸 반대하는 사람인데 왜 우리 집에 팍스를 보낸 거죠?"

"친구는 네 엄마가 하늘나라로 간 뒤, 우리가 힘들게 사는 걸 알고 있었어. 우리가 일 로봇 들일 형편이 안 된다는 것도 알고 있었고 말이야. 팍스는 집안일을 잘하는 감성 로봇이야. 마침 팍스가 사람들이랑 감정을 나누며 어울려 살 수 있는지, 확인이 필요했던 거야."

"그럼 아빠는 친구를 만난 그날부터 팍스의 비밀을 알고 있었던 거예요?"

"그렇단다."

"너무해요. 팍스를 이용하다니. 교장 선생님, 속성 그룹, 아빠 모두 다 똑같아요."

"팍스 존재가 처음에는 부담스러웠어. 하지만 너와 잘 지내는 걸 보니 욕심이 나더구나. 우리랑 같이 살아도 좋을 거란 생각이 들었어."

"팍스는 돌아올 수 있는 건가요?"

"그게, 폭력적인 성향을 보여서 사람을 해칠 수 있기 때문에 고치려고 연구 중이야."

"아빠가 언젠가 그러지 않았어요? 로봇은 사람을 닮는다고요. 사람이 잘해야 로봇도 잘한다고요."

"그래, 은별이 네 말이 맞아. 앞으로 만날 미래 로봇에게 부끄럽지 않으려면 사람이 먼저 변해야 해."

'왜 사람들은 툭하면 서로 아프게 싸우면서, 로봇은 조금만 사람을 아프게 해도 나쁜 로봇 취급을 하죠?'

은별이는 팍스가 교장 선생님께 했던 말을 떠올렸어요.

"은별아, 하나만 약속해 줄래?"

"뭔데요?"

"미래에 올 팍스를 늘 같은 마음으로 기다리겠다고. 물론 각자 해야 할 일은 잘하고 있어야 해."

"오래 기다려야 할까요?"

"글쎄. 금방 다시 올 수도 있고, 시간이 많이 걸릴 수도 있겠지."

"팍스가 나를 기억할까요?"

"그건 아직 모르겠구나."

"팍스가 끓여 준 된장찌개가 그리워요."

"그래."

엄마는 기다려도 다시 올 수 없지만, 팍스는 기다리면 언젠가는 돌아온다는 생각에 위로가 되었어요.

다음 날 하굣길, 경서가 은별이네 집 앞에서 기다리고 있었어요.

"은별아, 미안해. 팍스를 데려갔다며? 내가 게임에서 이기고 싶은 마음이 강해서 팍스 입장을 생각하지 못했어."

"괜찮아."

"팍스는 무엇보다 사람을 보고 배우는데, 그 생각을 못 했어."

웬일인지 은별이는 경서의 말을 듣고 금방 마음이 풀렸어요. 경서와는 다시 친하게 지내기로 했어요.

경서와 헤어져 집으로 들어가려는데 대문 앞에 커다란 박스가 놓여 있었어요.

"아, 이게 뭐지?"

은별이는 팍스를 처음 만날 때처럼 가슴이 두근거렸어요.

"받는 사람이 '조은별'이라고 되어 있네."

은별이는 박스를 거실로 옮겼어요.

놀랍게도 박스 안에는 팍스와 닮은 로봇이 들어 있었어요. 삐죽 나와 있는 노란 봉투를 열어 보니 메모가 들어 있었어요.

> 은별아, 집안일을 도와줄 일 로봇이다. 아빠가 할부로 구입했어.

은별이는 좋다가 말았어요. 하지만 일 로봇이 집안일을 대신해 준다면 훨씬 몸이 편해질 테니 고마운 일이었어요.

그날 밤, 은별이는 팍스를 생각하며 일기를 썼어요.

미래의 로봇 팍스에게

언제까지나 널 기다릴게.
돌아오면 너와 좋은 친구가 될게.

너의 이름은 평화를 뜻하는 <팍스>니까 사람들과 잘 지낼 수 있을 거야. 다시 만나면 나는 너를 보고 배우고, 너는 나를 보고 배우면서 사이좋게 지내자.

만일 나라면?

로봇과 함께 사는 건 더 이상 먼 미래의 일이 아닌 것 같아.

우리에게 도움을 주는 로봇을 나도 만들어 보고 싶어!

너희들은 어떤 로봇을 만들고 싶니?

나를 도와줄 로봇이 있으면 좋겠지?
너희들은 언제 로봇이 필요할지 써 보자.

나는 심심할 때
놀아 줄
친구가 필요해!

 창의활동

로봇에게 어떤 능력을 주고 싶나요?

로봇을 만드는 과학자들은 어떤 꿈이 있을까요? 로봇이지만 인간처럼, 그리고 인간보다 뛰어나게 만들어 보고 싶지 않을까요? 그 꿈과 노력으로 로봇은 하루가 다르게 발전하고 있어요.

여기는 로봇을 만드는 실험실이에요.
로봇에게 무엇을 주고 싶나요? 빈 곳에 자유롭게 써 넣어 보세요.

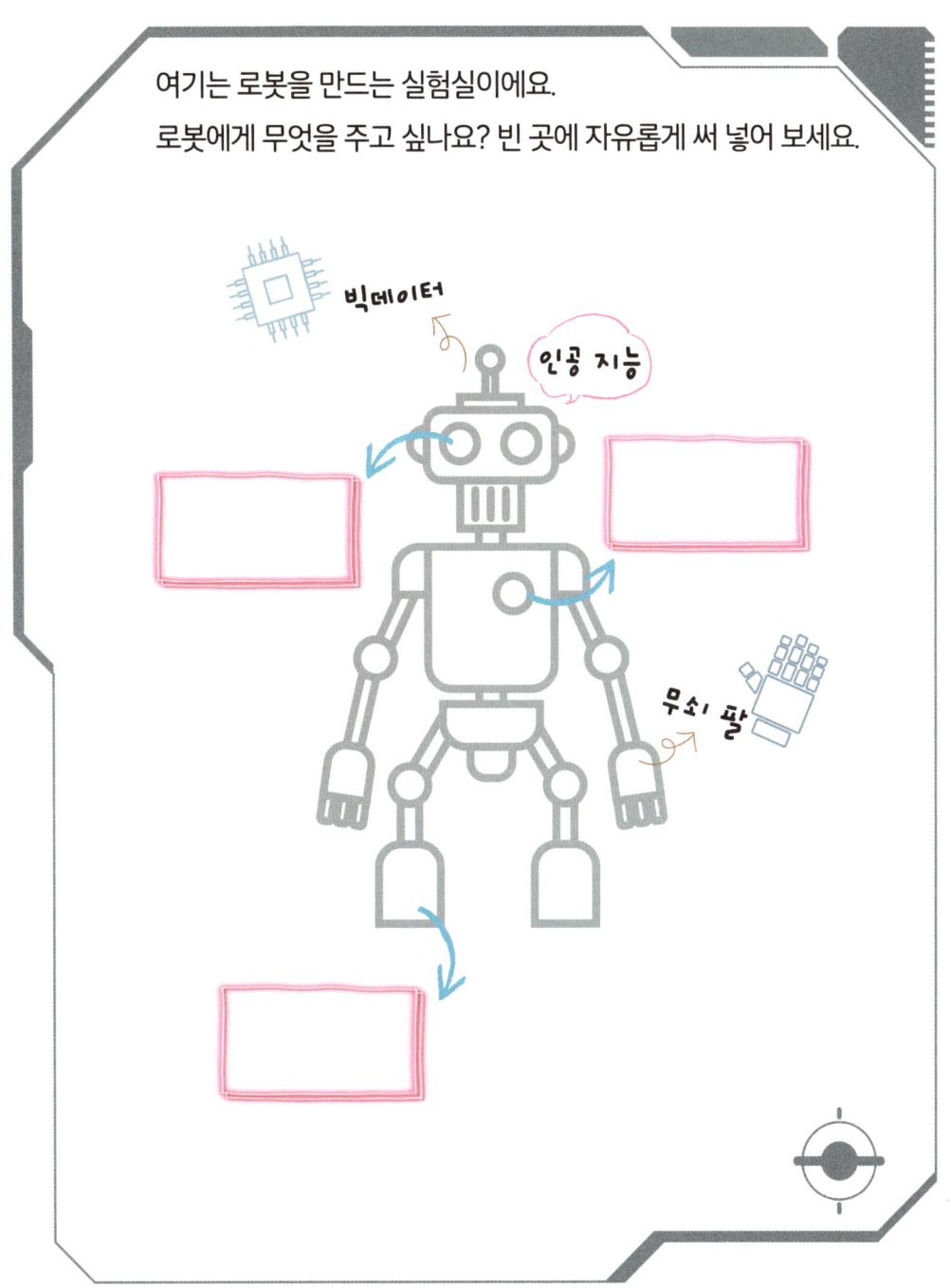

200만 부 판매 돌파!

AI 시대 미래
토론

✅ 뭉치북스가 만든 국내 최초 토론책! ✅ 초등 국어
✅ 한국디베이트협회와 교

- 01 함께 사는 로봇
- 02 원시인도 모르는 공룡
- 03 더 멀리 더 높이 더 빨리 스포츠 과학
- 04 까만 우주 속 작은 별
- 05 노벨도 깜짝 놀란 노벨상
- 06 지켜라! 멸종 위기의 동식물
- 07 도로시의 과학 수사대
- 08 살아 있는 백두산
- 09 클록클록! 오늘의 황사 뉴스
- 10 앗! 이런 발명가, 왜 저런 발명품
- 11 아낄수록 밝아지는 에너지
- 12 과학 Cook! 문화 Cook! 음식의 세계
- 13 과학을 훔친 수상한 영화관
- 14 끝없이 진화하는 무서운 전염병
- 15 지구 온난화와 탄소배출권
- 16 먹을까? 말까? 먹거리 X파일
- 17 우리 몸을 흐르는 피와 혈액형
- 18 진짜? 가짜? 가상현실과 증강현실
- 19 두근두근 신비한 우리 몸속 탐험
- 20 우리를 위협하는 자연재해
- 21 봄? 가을? 경계가 모호해지는 사계절
- 22 세균과 바이러스 꼼짝 마! 약과 백신
- 23 생태계의 파괴자? 외래 동식물
- 24 꽐꽐꽐~ STOP!!! 우리나라도 위험해요, 소중한 물
- 25 오늘도 나름! 작아서 더 무서운 미세먼지
- 26 식량 위기에서 인류를 구할 미래 식량
- 27 썩지 않는 플라스틱 지구와 인간을 병들게 하는 환경 호르몬
- 28 나와 똑같은 또 다른 나, 인간 복제
- 29 미래의 디지털 첨단 의료
- 30 명속 보물을 찾아라! 지하자원과 희토류
- 31 농사일부터 우주 탐사까지, 미래는 드론 시대
- 32 알쏭달쏭 미지의 세계, 뇌
- 33 얼마나 작아질까? 어디까지 발달할까? 나노 기술과 첨단 세계
- 34 찾아라! 생명체가 살 수 있는 또 다른 별, 제2의 지구
- 35 배울수록 더 강해지는 인공 지능
- 36 창조론이냐? 진화론이냐? 다윈이 들려주는 진짜진짜 진화론
- 37 모두두구 소중한 생명! 멈춰요 동물 실험
- 38 유해할까? 유용할까? 생활 속 화학 물질
- 39 46억 년의 비밀, 생명을 살리는 지구
- 40 과학자가 가져야 할 덕목, 과학 윤리와 책임

인재를 위한 과서

이제 토론이 공부다! 과학토론왕
과학토론왕 40권 + 독후활동지 40권
전 80종 / 정가 580,000원

이제 토론이 공부다! 사회토론왕
사회토론왕 40권 + 독후활동지 40권
전 80종 / 정가 580,000원

- 한우리 추천도서
- 경향신문 추천도서
- 경기도 초등토론 교육연구회 추천
- 경기도 지부 독서 골든벨 선정도서
- 환경정의 어린이 환경책 권장도서
- 한국 아동문학인협회 우수도서
- 학교도서관 사서협의회 추천도서

서 선정 도서! ✓활용 만점 독후 활동지 각 권 제공!
문가들이 강력 추천한 책!

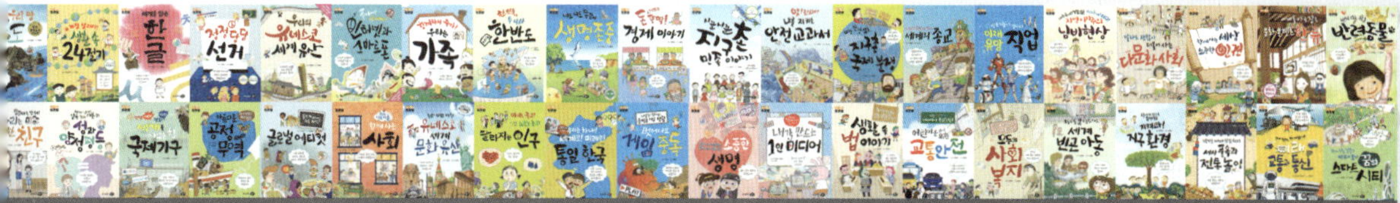

01	우리 땅 독도	13	바람 잘 날 없는 지구촌 국제 분쟁	24	우리는 이웃사촌! 함께 사는 사회	33	뚜아뚜아별의 법을 부활시켜라! 생활 속 법 이야기
02	생활 속 24절기	14	믿음과 분쟁의 역사 세계의 종교	25	틀린 게 아니라 다른 거라고? 글로벌 에티켓	34	하늘·땅·바다 어디서나 조심조심! 어린이를 위한 교통안전
03	세계를 담은 한글	15	인공 지능으로 알아보는 미래 유망 직업	26	신통방통 지혜가 담긴 우리의 세시 풍속과 전통 놀이	35	함께 만들어요! 함께 누려요! 모두의 사회 복지
04	정정당당 선거	16	지역 이기주의 님비 현상	27	출발, 시간 여행! 유네스코 세계 문화유산	36	위아더월드, 도움의 손길이 필요해요, 세계 빈곤 아동
05	우리의 유네스코 세계 유산	17	더불어 사는 다문화 사회	28	아이는 줄고! 노인은 늘고! 달라지는 인구	37	환경 덕후 오충사가 간다, 지려라! 지구 환경
06	좋아? 나빠? 인터넷과 스마트폰	18	함께 사는 세상 소중한 인권	29	우리는 하나! 세계로! 미래로! 통일 한국	38	전쟁 NO! 평화 YES! 세계를 이끄는 국제기구
07	함께라서 좋아! 우리는 가족	19	세계를 사로잡은 문화 콘텐츠 한류	30	레벨업? 섯다? 슬기로운 게임 생활, 벗어나요 게임 중독	39	더 멀리, 더 빠르게! 미래 교통과 통신
08	한민족, 두 나라 여기는 한반도	20	변치 않는 친구 반려동물	31	살아 있어 행복해! 곁에 있어 고마워! 소중한 생명	40	알아서 척척, 똑똑한 미래 도시, 꿈의 스마트 시티
09	너도 나도 똑같이 생명 존중	21	왕따는 안 돼! 우리는 소중한 친구	32	나도 크리에이터! 시끌벅적 1인 미디어 세상		
10	돈 나와라 뚝딱! 경제 이야기	22	여자? 남자? 같은 것과 다른 것! 성과 양성평등				
11	시끌시끌 지구촌 민족 이야기	23	모두가 행복한 착한 초콜릿, 아름다운 공정 무역				
12	앗 조심해! 나를 지키는 안전 교과서						

경기도 사서협의회 추천도서　한국교육문화원 추천도서　아침독서 추천도서

100만 부 판매 돌파!

수학이 쉬워지고, 명작보다 재미있는
뭉치수학왕

"인공지능(AI) 시대의 힘은 수학에서 나온다!"

개념 수학

〈수와 연산〉
1 양치기 소년은 연산을 못한대
2 견우와 직녀가 분수 때문에 싸웠대
3 가우스, 동화 나라의 사라진 0을 찾아라
4 가우스는 소수 대결로 마녀들을 물리쳤어
5 앨런, 분수와 소수로 악당 히들러를 쫓아내라
6 약수와 배수로 유령 선장을 이긴 15소년

〈도형〉
7 헨젤과 그레텔은 도형이 너무 어려워
8 오일러와 피노키오는 도형 춤 대회 1등을 했어
9 오일러, 오즈의 입체도형 마법사를 찾아라
10 유클리드, 플라톤의 진리를 찾아 도형 왕국을 구하라
11 입체도형으로 수학왕이 된 앨리스

〈측정〉
12 쉿! 신데렐라는 시계를 못 본대

13 알쏭달쏭 알라딘은 단위가 헷갈려
14 아르키는 어림하기로 걸리버 아저씨를 구했어
15 원주율로 떠나는 오디세우스의 수학 모험

〈규칙성〉
16 떡장수 할머니와 호랑이는 구구단을 몰라
17 페르마, 수리수리 규칙을 찾아라
18 피보나치, 수를 배열해 비밀의 방을 탈출하라
19 비례배분으로 보물섬을 발견한 해적 실버

〈자료와 가능성〉
20 아기 염소는 경우의 수로 늑대를 이겼어
21 파스칼은 통계 정리로 나쁜 왕을 혼내 줬어
22 로미오와 줄리엣이 첫눈에 반할 확률은?

〈문장제〉
23 개념 수학-백점 맞는 수학 문장제①
24 개념 수학-백점 맞는 수학 문장제②
25 개념 수학-백점 맞는 수학 문장제③

융합 수학
26 쌍둥이 건물 속 대칭축을 찾아라(건축)
27 열차와 배에서 배수와 약수를 찾아라(교통)
28 스포츠 속 황금 각도를 찾아라(스포츠)
29 옷과 음식에도 단위의 비밀이 있다고?(음식과 패션)
30 꽃잎의 개수에 담긴 수열의 비밀(자연)

창의 사고 수학
31 퍼즐탐정 셜렁홈즈①-외계인 스콜피오스의 음모
32 퍼즐탐정 셜렁홈즈②-315일간의 우주여행
33 퍼즐탐정 셜렁홈즈③-두꺼비죽 백설 공주 구출 작전
34 퍼즐탐정 셜렁홈즈④-'지지리 마란드릴' 방학 숙제 대작전
35 퍼즐탐정 셜렁홈즈⑤-수학자 '더하길 모테'와 한판 승부

36 퍼즐탐정 셜렁홈즈⑥-설국연차 기관사 '어러도 달리능기라'
37 퍼즐탐정 셜렁홈즈⑦-해설 및 정답

수학 개념 사전
38 수학 개념 사전①-수와 연산
39 수학 개념 사전②-도형
40 수학 개념 사전③-측정·규칙성·자료와 가능성

독후 활동지

본책 40권+독후 활동지 7권
정가 580,000원